Tobi Das besondere Kleeblatt

Die Autorin

Sandra Braun wurde 1983 in Starnberg
geboren. Sie ist verheiratet und Mutter
von zwei Kindern. Sie ist als
Heilpraktikerin in ihrer eigenen
Naturheilpraxis tätig.

www.hp-praxis-braun.de

Sandra Braun

....

Tobi

Das besondere Kleeblatt

tredition Verlag

Impressum

© 2019, Sandra Braun

Umschlaggestaltung, Vorlage tredition,
Bilder: Sandra Braun
Illustration: Sandra Braun

Verlag und Druck: tredition GmbH, Halenreie
40-44, 22359 Hamburg

ISBN Paperback: **978-3-7482-7965-5**
ISBN e-Book: **978-3-7482-7966-2**

Bibliografische Information der Deutschen
Nationalbibliothek: Die Deutsche
Nationalbibliothek verzeichnet diese Publikation
in der Deutschen Nationalbibliografie; detaillierte
bibliografische Daten sind im Internet über
http://dnb.d-nb.de abrufbar.

Auf einer bunten Blumenwiese, ganz in der Nähe eines kleinen Bachlaufs, lebten viele Tiere und Pflanzen.

An einem wunder-schönen Fleck, an den die Sonnenstrahlen gut hinkamen, gab es ein Kleeblatt. Aber nicht irgendeines. Es war ein ganz besonderes.

Nun möchte ich dir seine Geschichte erzählen.

Zuerst stelle ich mich aber noch vor. Mein Name lautet Fritzi. Ich bin ein kleiner Zaunkönig. Eine Krone besitze ich aber nicht. Von mir gibt es sogar ein berühmtes Märchen.

Die meiste Zeit sitze ich auf meinem Lieblingszweig, auf der großen Eiche. Von hier aus kann ich alles gut sehen und auch hören. Eines Tages fiel mir auf, dass man direkt unter der Eiche viel Gelächter und auch Geschimpfe hören konnte. Da ich auch ein bisschen neugierig bin, flog ich näher heran.

„Hast du schon den Neuen gesehen?"

„Ja, schlimm!"

„Warum muss so Einer auch bei uns wachsen?", diskutierten ein paar Kleeblätter, die dicht aneinandergedrängt, sich immer weiter aufregten.

Jetzt kamen auch einige
Ameisen hinzu und
ließen vor lauter
Staunen ihre Blätter
fallen.

Eigentlich wollte ich mir
nun auch den neuen
Wiesenbewohner
genauer ansehen, doch
ich hatte so großen
Hunger und suchte mir
erst noch eine dicke
Mücke.

Satt und zufrieden
wollte ich mich nur kurz
etwas ausruhen, schlief
dann aber doch ein.

Am nächsten Morgen
wurde ich von einem
kläglichen Wimmern
geweckt.

„Keiner kann mich leiden. Warum schaue ich auch anders als die anderen aus…?"

Ganz schnell segelte ich nach unten und da war es nun.

Ein kleines und ganz zusammengekauertes Kleeblättchen schaute mich traurig an.

„Hallo ich bin Fritzi der Zaunkönig und wer bist du?", wollte ich von ihm wissen. „Oh, hallo ich bin Tobi. Aber sprich lieber nicht mit mir, sonst ärgern dich die anderen auch noch!" „Sag mal, was haben sie eigentlich gegen dich?" Da streckte und reckte sich Tobi und nun konnte ich es sehen.

„Du siehst wirklich
anders aus. Vielleicht
kann ich dir ja helfen?
Warte, ich komme bald
mit Jemandem zurück,
der bestimmt eine
Lösung weiß.",
beruhigte ich Tobi.

Der machte sich gerade
wieder ganz klein und
senkte seinen Kopf.

Die großen Kleeblätter
bekamen das Gespräch
natürlich mit und
lästerten munter
weiter.

Die Erste, die mit mir
mitkam, war Susi die
Spitzmaus. Sie tippelte
mir schnell nach, um zu
Tobi zu gelangen.

Bei ihm angekommen, hatte sie aber nur eine einzige Idee: „Soll ich dir ein Stückchen wegknabbern?", fragte sie schließlich.

„Oh nein, bitte nicht!", erschrocken lehnte Tobi das Angebot ab. Nachdem Susi von mir ein paar Samen, als Belohnung fürs Mitkommen erhalten hatte, zog sie weiter.

„Wir bleiben dran!",
baute ich Tobi gleich
wieder auf. Da kam der
Maulwurf Alfonso
vorbei. Sein Vorschlag
zu unserem Problem
war, Tobi einfach
auszugraben und ihn
dann an einem
einsamen, ruhigen Ort
wieder einzupflanzen.

Auch diese Idee machte Tobi nur noch trauriger. „Warum sollte ich ganz allein leben müssen, nur weil ich nicht normal aussehe?", grübelte Tobi leise vor sich hin.

Wir brauchten eine andere Lösung.

Bei einem Rundflug über die Wiese, entdeckte ich Mara die Spinne.

Als sie das Problem
erblickte, war ihr
Vorschlag ein Netz um
ihn herum zu spinnen.

Tobi bedankte sich und
lehnte enttäuscht
wieder ab. Er wollte
nicht sein Leben lang
eingewickelt sein.

Nun kam Oskar des
Weges. Er ist ein sehr
fleißiger Mistkäfer.

Auch an diesem Tag
rollte er eine große,
dampfende Kugel Mist.

„Was wäre, wenn ich um dich herum eine Mauer aus Mist baute? So könnten dich die anderen nicht mehr sehen.", schlug er begeistert und voller Tatendrang vor.

„Vielen Dank, aber ich möchte doch auch selbst noch etwas von der Wiese sehen können.", dankte Tobi ab.

Im Laufe des Tages kam noch die Schnecke Gabi. Sie dachte mit etwas Schneckenschleim helfen zu können.

Der Schmetterling Pinki
meinte ein Kokon um
Tobi herum wäre doch
eine gute Lösung.

Der Igel Emil bot einen seiner Stacheln zum Aufhübschen an.

Die Eidechse Leila
wunderte sich nur,
warum Tobi nicht auch
wie sie - die ja einfach
ihren Schwanz
abwerfen könne - selbst
etwas ändern konnte.

Am Abend kam dann
nur noch der
Regenwurm Bob vorbei.
Dieser schlug vor, das
Erdreich unter Tobi so
zu lockern, dass er
etwas tiefer sinkt oder
dabei sogar umfällt.

Es vergingen einige Tage und wir wussten zunächst nicht mehr weiter.

Die großen Kleeblätter wurden immer gemeiner.

Sie drehten sich alle von Tobi weg, um das Elend nicht sehen zu müssen.

Doch an einem
besonders schönen und
warmen Tag sollte alles
anders werden...

Wie so oft saß ich dicht neben Tobi, um ihm etwas Gesellschaft zu leisten, als wir plötzlich freudig begrüßt wurden.

„Hallo ihr Zwei, schön mal wieder einen Kollegen zu treffen. Ich heiße übrigens Pit." Ganz überrascht schauten wir auf.

Da stand ein stattlicher,
knallroter Marienkäfer.

„Hallo! Wen meinst du
denn? Hier ist doch kein
weiterer Marienkäfer zu
sehen?"

„Na dich meine ich!" Pit zeigte auf Tobi und erklärte dann weiter: „Wir Glücksbringer sind doch eher selten und ich freue mich immer, wenn ich auf einen treffe."

„W…ww…was? Ich soll ein … Glücksbringer sein?", stammelte Tobi ganz ungläubig.

„Na klar! Schau dich doch mal genau an!

Du hast vier Blätter, alle anderen, gewöhnlichen Kleeblätter doch nur drei.

Du bist etwas ganz Besonderes!"

Da richtete sich Tobi zum allerersten Mal in seinem Leben richtig auf. Er spürte eine ganz neue Kraft in sich aufsteigen.

Die anderen Kleeblätter
haben natürlich alles
mit angehört und
blickten voller Neid auf
Tobi.

Sie ärgerten sich
darüber, selbst nicht so
schön und besonders zu
sein und ließen ihre
Köpfe hängen.

Als Tobi das mitbekam und bemerkte wie traurig sie nun waren, sagte er zu ihnen:
„Jeder von euch hat etwas Schönes, das ihn auszeichnet."

Tobi konnte wirklich an jedem eine kleine Auffälligkeit sehen.

Das älteste Kleeblatt
war etwas heller.

Ein anderes hatte ein
kleines Loch im Blatt.

Das Nächste hatte einen
Knick im Stängel...

Nun konnten sich alle als etwas Einzigartiges fühlen.

Von diesem Tag an unterstützten sie sich alle gegenseitig.

Sie machten sich Komplimente und wenn doch mal einer traurig war, bauten sie ihn gleich wieder auf.

Tobi bedankte sich bei mir, da ich in den schweren Zeiten an seiner Seite war.

Wir sind immer noch beste Freunde.

* Auch du bist einzigartig! *

_____

_____

_____

Ganz egal wie du aussiehst und was du kannst, du bist etwas Besonderes. Dich gibt es nur einmal. Auf der ganzen weiten Welt gibt es niemanden der so ist wie du. Achte bei anderen und auch bei dir selbst immer auf das Positive. Was du gut kannst, was alles schön ist an dir und was dich unverwechselbar macht.

Viele versuchen immer bei anderen die Fehler zu finden oder machen sich über Äußerlichkeiten lustig. Das ist nicht nett.

Jeder kann sich aber immer entscheiden wie man über bestimmte Dinge denkt oder was man sagt. Gerade wenn jemand anders aussieht, kann das sehr interessant und spannend sein.

Wäre doch langweilig, wenn wir alle gleich aussehen würden, oder?

Es ist schön, liebe Menschen um sich herum zu haben, die einen wieder aufbauen und stark machen können.

Wen du aber **immer** bei dir hast, bist du selbst. Sei lieb zu dir und sei nicht immer so streng mit dir.

Nimm dir Dinge vor, die du verwirklichen möchtest.

Schreibe oder male deine Ziele auch ruhig einmal auf.

Nicht für andere, sondern für dich selbst.

Glaube an dich!

....

Zeitfracht Medien GmbH
Ferdinand-Jühlke-Straße 7
99095 Erfurt, Deutschland
produktsicherheit@kolibri360.de